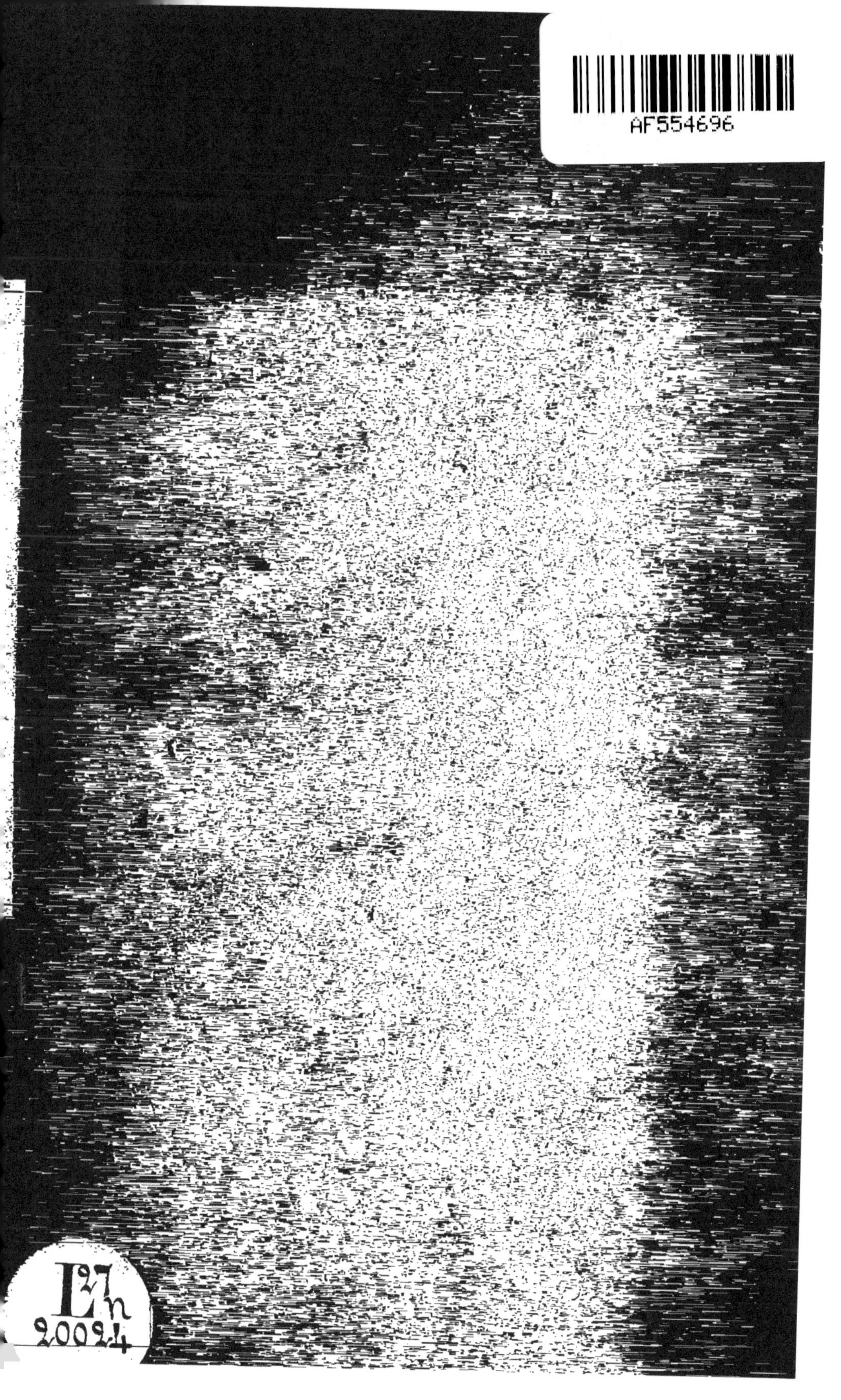
AF554696

BIOGRAPHIE

D'UN

HOMME DE LETTRES

PAR

CHARLES VANDER-BURCH fils.

SAINT-ÉTIENNE

IMPRIMERIE DE Ve THÉOLIER AINÉ ET Ce

PLACE DE L'HÔTEL-DE-VILLE.

—

1863

CHERS LECTEURS,

Ce n'est point pour étaler à vos yeux une érudition dont je suis loin de me flatter, que je prends la plume.

Je n'ai pas la ridicule vanité de me croire écrivain et encore moins auteur.

Mon ambition est de retracer le plus brièvement qu'il me sera possible la vie d'un père, d'un ami, d'un auteur dramatique, qui a noblement mérité l'estime et la bienveillance de ses nombreux amis.

En vous retraçant les principaux faits de la vie d'un homme de lettres, je ferai appel à ma mémoire et je profiterai surtout du peu de notes que mon père m'a laissées sur la vie longue et pénible qu'il vient de parcourir.

On ne pourrait sans être injuste lui refuser un tribut d'éloges et ne pas convenir que l'attachement que lui portaient, pendant sa vie, tous les gens de bien, et, plus encore, les regrets douloureux dont mon infortuné père est et sera longtemps l'objet, ne soient une preuve évidente qu'à tous égards il en était digne.

Il a su mériter un souvenir éternel dans l'esprit et dans le cœur de ceux qui l'ont connu.

Comptant sur votre indulgence, j'ai l'espoir, mes chers lecteurs, que vous daignerez agréer l'hommage de ma gratitude, et me pardonner ma témérité à écrire ces quelques pages en faveur du but où je voudrais atteindre.

CH. VANDER-BURCH.

---

soin par sa mère. Mademoiselle Bisch était une femme de mérite, de talent et d'esprit, son cœur était généreux et bon, elle était belle, d'un naturel charmant et d'un esprit enchanteur ; elle joignait à cela une grande éducation.

Elle éleva ses enfants avec soin, leur donna les premières notions d'instruction, de musique et de peinture. Elle se privait, ainsi que son mari, pour les élever et leur donner une brillante éducation. Sa résignation, son indulgence pour tous (si rare chez une femme qui a souffert surtout) la faisaient remarquer comme un modèle rare parmi les femmes de son époque.

A cinq ans, Emile Vander-Burch avait fait de grands progrès; son heureuse mémoire, qu'il garda jusqu'à sa mort, lui faisait déjà raconter, à cet âge, les anecdotes les plus singulières. Il remarquait tout, observait même les choses les plus élevées à sa connaissance.

Un soir, rénnis tous en famille dans l'atelier de peinture qui servait aussi de salon, Emile était assis parterre, alignant des capucins de cartes pendant que sa mère tricotait et que son père dessinait à la lampe, un bruit lointain et effrayant se fit entendre; plusieurs carreaux de la grande croisée se détachèrent.

M. Ansiaux, peintre d'histoire et Madame Ingres étaient présents; ils ne parurent pas s'effrayer beaucoup et dirent que c'était le canon d'alarme.

Ce grand désastre venait d'être produit par une explosion de barils de poudre et de matières fulminantes destinées à atteindre le premier consul sur son passage; exécrable attentat dont Paris et la France garderont longtemps le souvenir, et flétrirent du nom de *Machine infernale!* Le bruit en avait retenti d'un bout à l'autre de la capitale; tout le quartier en avait ressenti la brusque commotion; les vitres étaient tombées dans la plupart des maisons et des édifices du voisinage.

Telle avait été la force de cette immense explosion, que des débris de toitures et de fenêtres avaient volé jusque dans la cour du Louvre.

Il avait à peine 6 ans lorsqu'un anévrisme atteignit son père; cette maladie cruelle et prolongée était l'image à venir de la misère. Sa mère alors redoubla de courage; elle fit une petite grammaire à l'usage des jeunes enfants et allait, pour gagner un peu d'argent, donner des leçons dans une modeste école fondée dans une petite église délabrée, place de la Sorbonne, qui devint plus tard l'atelier de David où fut peint le fameux tableau du sacre.

(Cet ancien édifice est détruit aujourdhui).

Mme Edouard Vander-Burch fut bientôt obligée elle-même de quitter son ouvrage : ses longues veillées, ses fatigues lui avaient altéré la santé. Obligée de donner des leçons de harpe chez elle,

SA FAMILLE, SES ANCÊTRES.

La famille d'Emile Vander-Burch était d'origine flamande, elle fut francisée du côté féminin en 1704.

Un prédécesseur de Fénélon, le comte François Vander-Burch, fils du grand comte Dominique Vander-Burch (le premier père connu) ayant fait à l'étranger des études ecclésiastiques, devint un homme remarquable dans l'épiscopat; archevêque de Cambrai, il fit des œuvres ecclésiastiques remarquables, fonda des écoles pour l'instruction primaire, et fit bâtir à ses frais un hôpital qui porte encore aujourd'hui son nom.

Un frère du prélat, Dominique Vander-Burch, quitta sa famille et se retira à Montpellier, où il s'enflamma pour la peinture et fit quelques tableaux remarquables, admis dans nos grands musées de l'Europe.

Il épousa une demoiselle Reboul, et eut, de cette union, douze enfants, dont naquit Edouard Vander-Burch, célèbre peintre du Louvre, attaché à la maison de Bourbon.

La fortune ne favorisait pas les artistes au moment où la France était en proie à la révolution de 93. Il lui fut donné un logement dans le palais du Louvre.

Il épousa mademoiselle Bisch, fille du fameux Jean Bisch, artiste musicien, né à Berch le 2 avril 1733.

Jean Bisch était fils puiné d'un artisan aisé de l'Alsace, admis à la cour par son talent musical, chez le roi et dans toutes les familles illustres de France, ce fut lui qui amena les premières clarinettes en France.

Il mourut à Paris le 18 février 1824 à l'âge de 92 ans, dans un état voisin de la gêne; il était doyen de la société académique des enfants d'Apollon.

De cette union, Edouard Vander-Burch eut trois enfants, Hypolite Vander-Burch, un des chefs estimés de notre grande école de paysagistes; Flore Vander-Burch, peintre et musicienne, et Emile-Louis Vander-Burch.

Emile Vander-Burch naquit à Paris le 31 octobre 1794, dans le palais du Louvre; sa constitution chétive donna peu d'espoir pendant quelques mois, toujours maladif il fut élevé avec grand son fils en profita, mais pas longtemps, le pain manquait, il fallut vendre la harpe et quelques objets d'art. Du peu d'argent qu'elle en reçut elle fit baptiser son fils (Louis-Emile vander-Burch). Il était déjà grand et jouissait des facultés de son intelligence; aussi étonna-t-il tout le monde quand il fut baptisé à Sainte-Eustache : après la petite cérémonie il monta sur une chaise et récita au curé la fable du loup et de l'agneau, plus un morceau d'Œdipe. C'était déjà une marque d'espérance pour l'avenir de cet enfant.

La maladie prolongée de son père le força à quitter le toit paternel et, grâce aux recommandations, il fut placé à l'institution Ruinet, *(Collegium justicianum)* rue de la Harpe, où est aujourd'hui le collège Stanislas. Son intelligence précoce le fit bientôt remarquer par ses professeurs. Ses premiers camarades et ses premières amitiés furent les frères Constantin, ses cousins Aristide, Auguste, Amédée, les frères Casimir et Germain de la Vigne, Fortuné, les deux d'Audiffret, les deux Lapalme, les deux Collier, Parquns, Quétil, Debelle, Guyet de Fernex, etc.

Il en retrouva la plupart en 1822 à un banquet annuel institué en l'honneur de M. Ruinet, marque de respect, de souvenir et de reconnaissance de ses élèves.

Un grand malheur le força bientôt à quitter ces nobles camarades et à dire un dernier adieu à ses premières études : son père venait de mourir subitement d'une maladie de cœur à la fleur de l'âge, laissant trois enfants et des travaux inachevés.

Il fallut redoubler de courage et vite se consoler, la misère marchait à grand pas vers le toit maternel, obligé de se réfugier dans une mansarde rue de la Harpe, la veuve n'ayant plus droit au logement du Louvre après la mort du célèbre peintre.

En 1805, Chaptal, alors ministre de l'instruction, fonda des lycées sur les ruines des écoles centrales.

Il fut ouvert à l'Hôtel-de-Ville un concours général pour être admis dans les nouveaux lycées.

Le jeune Emile Vander-Burch s'y présenta; il était si mince et si fluet, que M. Chaptal, ministre et président du concours, en le voyant s'écria : « Mais cet enfant n'a pas l'âge, il n'a que « six ans. » — Pardon, Messieurs, répondit-il, j'aurai mes dix ans le 30 octobre prochain. »

On le questionne? Il répond avec une facilité extraordinaire; ces juges émerveillés le poussent de questions plus élevées : il répond avec la même assurance; ce qui lui fit avoir la bourse entière au lycée d'Orléans, à la majorité et aux applaudissements de tout l'auditoire.

Le lycée d'Orléans à cette époque était sur un pied militaire fort imposant : il y avait un drapeau, une musique de fifres et quatre tambours, dont le brillant major était Lebrun, frère de Mme Eulalie Ladureau; pour officier instructeur, un grand diable de soudard, du nom de Killermann, soi-disant parent du duc de Valmy, et pour sergent-major, Angelo Piétri, Corse de naissance et qu'on appelait le cousin de l'Empereur.

Les élèves prenaient très au sérieux cette enrégimentation un peu grotesque; le plus petit gamin de la quatrième compagnie entendait mieux l'esprit de corps que son Epitomæ; enfonçait crânement son tricorne sur sa tête, emboîtait le pas et sentait les coudes à gauche comme les grenadiers d'Austerlitz.

Vous comprenez qu'avec des dispositions aussi belliqueuses on ne recevait au lycée d'Orléans qu'une éducation impériale et militaire.

Ses trois premiers camarades de huitième furent le jeune créole Salambéni, Alfred de Boislandry et son frère Théobald.

Je ne puis passer sous silence le nom d'un ami aussi cher que l'était celui de M. Alfred de Boislandry; enfant d'Orléans et d'une des anciennes familles de notre ville il était entré au lycée extrêmement jeune.

C'était un bon gros garçon joufflu et rose; sa tête ronde, couverte de cheveux taillés en brosse et d'un blond un peu éclatant l'avait fait surnommer Boule-D'or. Il ne se signala pas par ses brillants succès de collège, mais il annonça une grande aptitude et une rare entente des affaires contentieuses, dès son entrée dans la carrière administrative.

Admis vers 1820 dans ce qu'on appelait les droits réunis, il fit ses premières armes dans la Gironde, puis il passa de grade en grade par la Seine-Inférieure et le Pas-de-Calais; il regardait comme son bâton de Maréchal son habit brodé, de directeur, orné du ruban rouge de la Légion-d'Honneur.

Entouré d'une famille charmante, aimé et justement considéré de tous ceux qui le connaissaient.

Vander-Burch eut la douleur de voir mourir son plus ancien ami en 1858.

Je vous parlerai aussi d'un autre bon camarade qui fut plus rapproché encore dans ses affections de cœur, puisqu'il devint son beau-frère.

Je veux parler de Léon Pataud, le neveu du savant aumônier Pataud :

Enfant d'Orléans aussi, Léon fut un excellent et docile écolier; les prix ne lui faillirent pas, car son application soutenue allait de compagnie avec une conduite exemplaire. Il sortit de rhétorique vierge de pensums et de retenues.

Tant de perfections innées devaient être une précieuse conquête pour l'instruction publique; aussi ce modèle des classes du lycée embrassa-t-il le professorat. Régent de grammaire au collège de Juilly, puis professeur à Nevers et à Bourges, il fut relégué ensuite au lycée impérial de Grenoble, où notre bonne mère l'Université, qui ne connaît pas particulièrement tous ses fils aînés, laissa un peu celui-là dans l'oubli, sans se douter du mérite réel qui se cachait sous tant de modestie.

Pour revenir à nos lycéens, ils étaient la plupart composés de fils d'émigrés, de négociants, de déserteurs et jusqu'à des prisonniers de guerre.

Je puis vous donner un simple aperçu de ces anciens amis qui composaient le lycée à cette époque :

Au rang des premiers brillent les noms de Macarel, les deux frères Cotelle, Moreau, l'architecte; Garnier, si regretté à Montargis comme maire et comme médecin; Vallet, Latour, ses dignes confrères; le contre-amiral Abel Dupetit-Thouars, le général Davésiès de Pontès, Edouard Aletz, diplomate et poëte, mort consul à Barcelonne; Ernest Boinvilliers, avocat distingué, assis aujourd'hui au conseil d'Etat; Bailly, peintre de genre; Laurent, recteur; Aubin, avoué et juge de paix; Hutteau, Fesneau, les deux frères Sol, Pétigny, Balmoissière, Borel, Cheron, vieux soldats; Barré de la Haie, Bodin, Planche, Liskenne, professeurs; Doyen, receveur général; les frères Bayetet, de Bagneux; les trois Batailler, de Romorantin, Edouard Plisson, médecin, Pingard, secrétaire de l'Institut; trois frères Boulard, Heri Leroy, Ligneaux-Grandcour, Champigneau, Hannapier, Poupardin, Calliard, négociants ou industriels; Victor Perrin, chef aux finances; Lepoitevin Saint-Elme, journaliste; Christophe et Landron, parmaciens; Hyppolite Vander-Burch, paysagiste de talent, de Montulle, chef de division au ministère d'État; une quantité illimitée de notaires, Hyver, Lanson, Sougy, Gramain, Devade, etc.;

Parmi les artistes : Sallior, Bret dit Saint-Ernest, Joly dit Volnys et Monval.

Les externes, dont voici quelques noms chers à la cité orléanaise : Armand Chapeau dit Desverger, qui fut son collaborateur au théâtre; François Oudet, des messageries générales; Brédif, libraire-Editeur à Paris; Marchand, juge au tribunal d'Orléans, Sauton, puis Ferréol, celèbre à tant de titres : comme chanteur, acteur, peintre et par-dessus tout homme de cœur et de dévoûment. Emile Vander-Burch ne fit que de médiocres études au lycée d'Orléans, mais l'amour des livres était sa seule récréation. A douze ans il composait déjà des fables, des chansons; sa mère ne passait pas une semaine sans recevoir une lettre en vers, pleine de cœur et de sympathie.

Aux vacances de 1812 il composa, pour elle, un chamant petit livre intitulé : *Le premier Pas ou les essais d'un fils à ma tendre mère.*

Ses études finies, tant bien que mal, il quitta le lycée à dix-huit ans, afin d'aider la petite famille dans la géne. L'amour du théâtre se faisait déjà sentir, mais avant la comédie il fallait manger, ce qui le força à entrer chez un mercier. Il possédait, près de là, rue de la Harpe, une petite chambre au sixième (au-dessus de trois entresols), comme il disait; là, le soir, à la clarté d'une petite veilleuse, il réparait un peu les études négligées au lycée et composa *Brelant de Gascon*, qui eût son mérite et fut joué le 27 avril 1813 à l'Ambigu Comique, ce qui lui fit avoir ses entrées.

Heureux de son premier succès il ne songea plus qu'au théâtre; mais l'Aigle impérial réclama bientôt des défenseurs. Forcé de partir, il entra dans une légion de la Vendée, où son zèle au service le fit bientôt remarquer. Trois mois après son entrée au corps il était sergent-major; son esprit ne lui avait pas fait défaut. A peine six mois s'étaient-ils écoulés qu'il était capitaine de voltigeurs. L'amour du drapeau était un gage sacré, il voulait en faire sa carrière, mais après les cent jours l'armée de la Vendée fut dispersée.

M. le duc Decazes l'avait pris sous sa protection, et le fit placer à l'entrepôt des tabacs de la Vendée; il n'y resta pas longtemps, son protecteur l'en retira.

Il s'agissait alors d'organiser des écoles normales modèles à Bourges et à Nevers.

Emile Vander-Burch en fut nommé l'organisateur.

C'était une tâche bien hasardeuse, et il ne s'en mit pas moins à la besogne et parvint à réussir à souhait. Chacune de ses écoles mutuelles reçut bientôt plus de 200 élèves.

M. le duc Decazes pour reconnaître ce brillant succès, envoya au jeune instituteur une médaille d'argent et douze cents francs de gratification.

Avec cette petite fortune inattendue, il courut vers la capitale embrasser sa famille; c'est à cette époque qu'il connut mademoiselle Gervais et l'épousa sans songer à l'avenir. La noce terminée il resta aux deux époux cent francs. Mais Emile avait 23 ans, plein d'ardeur, d'espérance et d'espoir dans l'avenir. Une fois marié il ne voulut plus retourner à Bourges, et se fit répétiteur à Paris, donnant des leçons de français et d'histoire.

Rangé et économe son petit ménage prospérait tous les jours; ses leçons et répétitions lui rapportaient trente francs par jour, ce qui était une fortune et lui permettait d'aller au théâtre tous les soirs.

Le théâtre à vrai dire était sa vocation, il sentit bientôt s'éveiller en lui les qualités de l'auteur dramatique. Il écrivit son premier vaudeville, *la jeunesse de Marie Stuard*, jouée au gymnase. Léontine Fay représentait Marie Stuart; la pièce et l'actrice obtinrent le plus brillant succès.

La voie était ouverte : les succès de théâtre ont une ivresse irrésistible. Il renonça à ses leçons et se consacra exclusivement à littérature dramatique, conserva néanmoins un cours d'histoire et de littérature, dont il fit un ouvrage assez recherché.

Dans un voyage qu'il fit à Orléans, sa chère ville de prédilection, comme il l'appelait, lui fit retrouver de vieux camarades dans messieurs Ladureau ; il passa trois mois sur les bords enchantés du Loiret et composa son fameux vaudeville populaire le *Gamin de Paris*, qui fut joué sur tous les théâtres de l'Europe; Bouffé fit sa réputation dans le rôle du Gamin qu'il jouait avec une verve incroyable, les acteurs les plus éminents de l'époque étaient en scène dans ce vaudeville en deux actes qui fit courir tout Paris en 1836 au théâtre du Gymnase. Cette pièce seule, rapporta à son auteur dans une année quarante mille francs. Avec cette somme il acheta son charmant petit château de Lachapelle St-Mesmein près d'Orléans, afin de ne pas se séparer de ses vieux Orléannais.

C'est dans ce modeste village, entourés d'amis dévoués, qu'il composa la plus grande partie de ses écrits, et qu'il fit la connaissance de M. Pagnerre, rédacteur du journal du Loiret ; que de charmantes lettres n'a-t-il pas envoyées à cet excellent ami, et qui furent insérées dans son petit journal.

Environné de précieux collaborateurs : Désaugiers, Braziers, Scribe, Bayard, Mélesville, Théaulon, Dupeuty, Dumersan, Saint-George, Clairville, Deforge, Villeneuve, Siraudin, Brunswik et Sardou, son dernier collaborateur dans les *Premières Armes de Figaro*, qu'il sut apprécier à son entrée au théâtre comme un garçon de talents et plein d'avenir. Nous savons du reste que cette prédilection s'est bien accomplie. Le dernier voyage d'Emile Vander-Burch à Paris fut pour sa chère Virginie Déjazet, et voir au gymnase les *Pattes de Mouches*, cette pièce pleine d'esprit, pour applandir à son tour son jeune lauréat où 35 ans avant lui-même avait reçu les mêmes applaudissements dans le *Gamin de Paris*.

Béranger, Bérat, Victor Hugo, le comptaient au nombre de leurs amis intimes.

Le maréchal Bugeaud lui était aussi cher qu'un frère, c'est lui qui réclama à sa majesté Louis-Philippe la croix de la Légion d'honneur en sa faveur.

François Arago l'estimait comme un de ses meilleurs élèves : (Vander-Burch me suppléerait au besoin) disait l'illustre savant. Il savait l'histoire comme un professeur de la Sorbonne et l'astronomie comme Arago. Il avait été lié dans sa jeunesse avec Talma, Mlle Mars, Charlet, avec tous les princes de l'art et dans tous les genres.

Ce fut par le gros Billoux, surnommé le Gargantua du Lycée d'Orléans, qu'Emile connut Charlet.

Billoux était un garçon d'esprit, neveu de M. Billoux, chef de division au ministère de la marine dont la fille aînée épousa

M. Lacave, député et maire de la ville d'Orléans ; le cabaret était pour notre gargantua un délicieux paradis, ce qui lui nuisit beaucoup au ministère où son oncle l'avait fait entrer. Il venait assez souvent manger la soupe avec son petit Emile, Dieu sait quelle marmite on mettait au feu ces jours-là ! Ce fut par un sentiment de reconnaissance gastrique, que ce bon camarade l'invita un jour à dîner avec lui dans un restaurant extramuros, où il avait ses habitudes, dont il vantait souvent la cuisine, simple mais abondante ; aussi bien que les connaissances choisies qu'il avait déjà faites dans ce quartier à peu près perdu.

Ce restaurant se trouvait situé entre les barrières du Maine et de Vaugirard ; cette maison assez délabrée paraissait aussi négligée que le jardin, mais sa réputation faisait tout son luxe, l'enseigne à moitié effacée portait le nom Blésimar, au *Moulin de Beurre.*

Pilloux présenta le jeune Emile aux convives les plus distingués du cabaret. Ils se nommaient : Abel Hugo, frère de Victor Hugo, David d'Anger, Jubel et Nicolas Charlet ; on mangea ferme, on parla beaucoup et l'on bût davantage. Le dessert fut très-animé, on fêta Emile, on porta des toasts à ses succès dramatiques. Il chanta quelques chansons de son cru, et paya sa bien-venue par sa bonne humeur et son bavardage; on le déclara bon zig et digne d'entrer dans leur association fraternelle.

Charlet plus silencieux que les autres, l'étudiait avec son sourire narquois et scrutateur ; au dessert composé de deux fromages, brie et gruyère, il le tutoya *ex abrupto*, et lui serrant la main : « Tu n'as pas de ficelle, tu blagues bien ; tu me vas. »

Chacun paya son écot, qui montait à 45 sous par tête ; Billoux qui l'avait invité avec tant d'enpressement le laissa payer.

Charlet lui confessa plus tard qu'il avait eu de la chance de ne pas payer pour lui.

Plus tard les réunions furent transportées dans un autre endroit ; la Blésimar fut dédaignée, et les séances se tinrent chez la mère Saguet, dont la gargotte était située dans le même quartier.

Il ne se passait pas de solennité un peu importante qu'Emile ne reçut une lettre de Charlet ou de Vincent, plus ou moins facétieuse qui le conviait à venir embellir la réunion par son auguste présence.

Edouard Donvé le seïd de Charlet, était souvent des festins de la mère Saguet, il venait avec sa guitare l'un portant l'autre, donner un charme tout nouveau à ces joyeuses réunions.

Le prince de la critique, Jules Janin, n'a pas dédaigné de consacrer un feuilleton à cet auteur et compositeur naïf, qui, comme le bonhomme Lafontaine a produit des chefs-d'œuvres sans s'en douter.

Parmi les peintres célèbres qui recherchaient Emile Vander-Burch je citerai : Les deux Vernet, David, Ansiaux, Ingres, Mozes etc., et Lami, sculpteur, qui lui fit son buste d'une parfaite ressemblance il y a quelques années.

Charlet marié, les dîners chez la mère Saguet ne furent pas supprimés ils devinrent même plus fréquents et plus populeux après 1830.

Emile Vander-Burch entra dans la garde nationale, nouveau sujet de fête. Billoux et la garde nationale aidant, tout devint prétexte à réunions chantantes. La nomination d'un caporal ou d' un sergent mettait les notables viveurs de la dixième légion la fourchette à la main; celle d'un officier, entraînait une société plus choisie. Quand Charlet fut acclamé capitaine, puis chef de bataillon, ce fut un banquet monstre, une levée en masse de dévorants.

Vander était simple chasseur dans la garde nationale sous le gouvernement de Louis-Philippe ; on avait même voulu le nommer capitaine, mais il avait refusé l'épaulette, parce que son ami Scribe n'était pas colonel. Son tour de garde venait assez souvent, le tambour de la section allait en tapinois répandre cette bonne nouvelle dans la compagnie : «Vander Burch est de garde» ; cela suffisait, c'est que ce jour-là il y avait festoiement au poste ; tout le monde voulait monter sa garde, on venait sans être commandé, et il y avait sous les armes moitié plus d'hommes qu'on en voulait, chose rare ! En l'honneur de Vander on plantait un if devant le poste, on illuminait le poste, les patrouilles venaient fraterniser et ne voulaient plus s'en aller; la sentinelle même, laissait son fusil dans la guerite et venait écouter les charges et les contes de la chambrée.

M. Ganneron colonel de la légion eut bientôt le secret de ce beau zèle à l'état major, et crut devoir prendre des mesures pour faire cesser cette indiscipline.

Un beau matin Vander reçut une lettre ainsi conçue :

« M. Vander-Burch est exempté du service de la garde nationale pour cause d'amabilité.

« Signé : GANNERON.

« Paris, le 18 décembre 1830. »

Ce fut un deuil général dans la compagnie, mais le commandant Charlet lui assignait : (au nom de la loi) de venir quand même en secret, il ne se montrait plus, que rarement à ces fêtes bachiques qui se renouvelaient trop souvent.

Le Palais Royal le retenait, les répétitions augmentaient, il abdiqua complètement avec ses compagnons d'armes.

Puis-je passer outre sans parler de la charmante Virginie Déjazet, ce cœur noble et généreux, le triomphe du Palais Royal qu'elle quitta en 1843 ; son directeur M. Dormeuil la laissait partir pour une misérable question d'argent. Mélesville et Vander-Burch firent tous leurs efforts pour empêcher la séparation de Dormeuil et de sa précieuse pensionnaire ; rien ne réussit, le divorce fut complet. Ce fut une perte irréparable pour le théâtre du Palais Royal, qui, à dater de ce jour, changea de genre totalement et abandonna la comédie finie, l'école du bon sens pour la grosse farce.

Déjazet commença son odyssée de province par la ville de Nantes, d'où elle revint comblée de couronnes, de fleurs et d'applaudissements. Elle avait près d'elle un ami affectueux, tendre, fidèle, et qui pleurait de joie à ces nouveaux succès.

Vander-Burch et Déjazet étaient bien faits pour s'entendre.

Même esprit, même finesse, même franchise de cœur.

C'était un rapprochement de pure amitié. Ils s'aimaient comme deux frères. Dans toute leur carrière accidentée, ils ont vécu dans la même maison, sur le même carré, sur le même balcon ; l'aurore venait à peine éclairer le cabinet de travail de son vieil ami, qu'elle venait lui donner le doux baiser de l'amitié et du courage.

Avec quelle verve et quelle facilité les idées lui venaient alors !

Toujours fidèle et reconnaissante dans ses grandes maladies, elle ne le quittait jamais :

« Virginie est mon ange consolateur, disait-il ; sans elle je ne travaillerais plus. » Jamais aucun nuage ne s'éleva entre eux jusqu'à sa mort.

La chapelle Saint-Mesmein fut donc pendant vingt ans le rendez-vous de nos auteurs et artistes les plus distingués. Monseigneur Fayet ne dédaignait pas ses sages conseils, il écoutait dans un profond recueillement les leçons d'astronomie qu'il lui donnait. Avec quelle clarté et avec quel esprit il donnait ses explications !

Etonnez-vous après cela que pendant quarante ans de sa vie Vander-Burch n'ait presque pas dîné chez lui. Les invitations pleuvaient ; pour l'avoir il fallait s'inscrire : « Diable d'Emile, disait son collaborateur Bayard, il est né pour son plaisir et pour le plaisir des autres. »

Du reste, à côté du bavard aimable, du conteur enjoué, de l'épicurien, il y avait l'homme sérieux, résolu, plein de bon sens, de bonhomie, de douce raison. Il avait acquis une instruction des plus remarquables, connaissait plusieurs langues parlées et écrites, lisait dix-huit heures sur vingt-quatre, composa, à part ses comédies et vaudevilles, une série de romans qui eut son mérite à cette époque, sous le titre des *Enfants de Paris*, dont je vous donnerai une nomenclature à la fin de ma biographie.

Le *Panier à salade*, roman simple, moral et populaire, le fit couronner du prix Montyon.

L'histoire militaire des Français, dont je dirai avec peine quelques mots, est restée dans l'oubli, quoiqu'arrivée à sa troisième édition.

Cependant quelques-unes de nos grandes célébrités de France ne lui en marquèrent pas moins leur vive sympathie ; parmi ceux-ci je citerai S. E. M. le maréchal Magnan, M. le prince de la Moskowa, M. le colonel Dupin des Lezes, feu M. le maréchal St Arnaud, M. Philaret de Châles, le général Bosquet, etc.

Il eut ensuite pour collaborateur et ami M. Braine, notre charmant et dévoué journaliste; le *Mémorial Français* est encore visible aujourd'hui pour prouver le mal qu'ils eurent pendant deux ans, pour un ouvrage utile qui n'a pas été apprécié. Braine est un excellent cœur, plein d'esprit ; Vander lui portait une grande affection. Aussi notre journaliste moderne ne refusait pas ses sages conseils.

Toujours maladif, Vander-Burch ne songea plus qu'à se rapprocher de Paris ; à son grand regret il était forcé d'abdiquer sa bonne ville d'Orléans, dont il garda un bien bon souvenir.

Il se retira donc à Rueil, près de la Malmaison, là entouré de quelques bons amis, il calmait ses douleurs de gouttes en leur racontant des anecdotes de sa vie, ou des petits cours de phylosophie.

Le voisinage de Comte le prestidigitateur l'avait attiré dans le département de Seine-et-Oise, c'était encore un vieil ami de quarante ans. Il lui fit une cinquantaine de pièces pour son théâtre du passage Choiseuil, sous le titre du *Petit neveu de Berquin*. Il eut la douleur de le voir mourir deux ans avant lui ; ce qui lui faisait dire souvent : « Ton vieux Wulgrave ne tardera pas à te suivre. » Douloureux pressentiment qu'il ressentait depuis son hydropisie au cœur.

Le mois de décembre 1861 fut pour lui bien fatal et l'alita pendant cinq mois.

Toujours gai, cependant, et toujours le couplet à la bouche ou la plume à la main.

Monsieur le baron Pelletan, son médecin, ami dévoué, qui le soignait depuis plusieurs années, vint le voir quelques jous avant sa mort ; mais tous les secrets de l'art médical ne pouvaient empêcher les résultats d'une maladie incurable ; le cœur baignait dans l'eau. M. Pelletan annonça à Madame Vander-Burch sa seconde femme qu'il désespérait de lui ; la goutte était remontée au cœur.

Le 28 mars 1862, à neuf heures du matin, il manifesta le désir de se lever ; assis dans son fauteuil il lut quelques journaux. Ce jour même il avait à toucher sa pension de mille francs que lui faisait S. M. l'Empereur sur sa cassette particulière. Comme à chaque échéance il lui fallait un certificat de vie, signé du maire de

Rueil, voici le couplet qu'il adressa à M. Marin, secrétaire de la mairie.

Cher secrétaire, je vous prie,
Avant que notre bon curé
L'un de ces jours me sanctifie
De son plus doux miserere ;
Et bien que la pathologie,
Jointe à sa sœur la pharmacie,
M'aient presque aux trois quarts enterré ;
Attestez, sur papier timbré,
Que j'assiste encore à la vie.

Quelques heures aprés avoir tracé ces lignes, il ne lisait plus, trouvait le temps lourd, plusieurs personnes vinrent le voir dans cette journée, il leur parlait avec la même bonhomie et la même gaité. Une de ses excellentes amies qui ne le quitta pas pendant toute la durée de sa maladie, s'aperçut de son extrême faiblesse, et communiqua ses craintes à M. Villaiseaux, homme de cœur et de dévouement, qui ne le quitta pas d'une minute durant sa maladie.

Cette dame venait à peine de sortir qu'il demanda son potage. Son potage servi, il mangea avec avidité ; mais à la dernière cuillère ses joues se colorèrent vivement, il parut écouter le travail intérieur de son cœur, prit la main de M. Villaiseaux, le regarda avec crainte.

Tout à coup un craquement sec se fait entendre dans sa poitrine, Vander-Burch penche la tête, ses yeux se ferment. M. Villaiseaux, seul avec lui dans ce moment, fut obligé d'employer la force pour dégager son poignet de la main de son ami, qu'il serrait comme dans un étau, s'élance vers la porte, appelle du secours, mais en vain, il était trop tard : Vander.Burch était mort, son cœur s'était déchiré !...

Jamais mort ne fut plus inattendue et moins exempte de convulsions, de douleur.

Avec quelle douleur difficile à dépeindre sa bonne Déjazet apprit-elle sa mort, lui qui deux jours auparavant lui chantait des couplets de vaudeville, de trente ou quarante ans.

Le jour des obsèques elle suivait le convoi de son vieil ami les larmes dans les yeux et avec une indicible expression de douleur!... forcée de partir au théâtre, où son devoir l'appelait, aussitôt le service religieux terminé.

Le public ne se doutait guère que la grande comédienne, qu'il réclamait à grands cris, dans les *Prés Saint-Gervais*, entrait en scène le cœur navré; ses jambes lui manquaient; chaque applaudissement était une larme que le *jeune prince* de Conti répandait.

Je veux vous donner une idée de cette affection vive et sincère : lisez la lettre qu'elle adressa à ma sœur, le lendemain de l'enterrement.

Paris, 1er avril.

« Ma pauvre Lili (Emma Vander-Burch),

« Comment vont les amis qui te restent, ta mère, ton frère ?

« J'ai été forcée de partir après le service religieux, et je n'ai pu accompagner mon pauvre ami jusqu'à sa dernière demeure.

« Hélas ! le voilà au repos, après avoir travaillé toute sa vie !

« Que Dieu le lui accorde et la récompense de tout ce qu'il emporte avec lui : bonté, science, labeur, probité ! Voilà, je l'espère, qui comptera aux yeux de l'Eternel.

« Puisse son exemple, chers enfants, vous soutenir et vous guider dans la longue route qu'il vous reste à parcourir.

« C'était son inquiétude incessante depuis qu'il avait perdu la santé.

« Heureusement, il est mort sans avoir eu le temps de comprendre qu'il vous quittait pour toujours.

« Honorez sa mémoire et sa vie en devenant ce qu'il voulait que vous fussiez. Que Charles et toi, puissiez lui envoyer là-haut la joie qu'il n'a pas eue ici-bas : l'assurance de votre bonheur, que votre sage et honnête conduite peut seule donner. Que le souvenir de votre brave père vous suive partout ! Avec un tel compagnon vous ne devez pas faillir.

« Embrasse ta mère et le pauvre Charles pour moi.

« Dans quelques jours je prévois un peu de liberté. J'en profiterai pour aller vous serrer les mains, quoiqu'il m'en coûte plus que je ne saurais vous le dire de rentrer dans cette maison où je ne dois plus le retrouver. N'importe ! pour vous, pour lui, je surmonterai cette pénible impression qui pour moi est une seconde douleur.

« Adieu donc, chers enfants, à bientôt pour vous voir et à toujours pour vous aimer.

« VIRGINIE DÉJAZET. »

Tout le cœur de Déjazet est dans cette lettre touchante. La dernière fois que son Emile la vit jouer, c'était dans les *Trois Gamins*, une de ces pièces reprises au théâtre Déjazet (Boulevard du Temple), et arrangée au troisième acte. A la fin de la pièce, il courut à sa loge, il la serra contre son cœur, l'embrassa, et pleurant à chaudes larmes, il lui dit : « O ma Nini ! tu rajeunis à mesure que je vieillis. » Il ne se doutait pas qu'en la quittant, c'était la dernière fois qu'il la voyait jouer.

Tous ses amis lui garderont un cher et fidèle souvenir ; car c'était un excellent homme, aimable et bon, spirituel, affectueux, et qui n'avait jamais eu dans sa vie la moindre amertume contre personne.

Ses obsèques furent simples, mais entourées de talents, de cœurs généreux et de gens distingués.

Etaient présents : un représentant de S. Ex. M. le maréchal Magnan; M. Braine, qui témoigna tous ses regrets dans un discours touchant, plein de cœur, dont les assistants garderont longtemps un doux et précieux souvenir; M. Verdot, vieil et excellent ami, qui prononça aussi sur la tombe un discours plein de cœur et de dévouement, retraçant dans ce discours le talent, le cœur, les longs travaux et les regrets que sa mort causait à tous ceux qui l'avaient aimé; M. Pagnerre, qui témoigna sa sincère amitié et son souvenir dans un feuilleton du *Loiret;* les vieux vétérants du lycée d'Orléans et des Ruinets; M. le capitaine adjudant-major Cornier, du 1er grenadiers de la garde, accompagné d'une grande partie de ses condisciples, touchant témoignage de reconnaissance envers un vieux soldat de l'Empire.

Un grand nombre d'amis dévoués, d'artistes, d'auteurs, de journalistes suivaient le convoi. Je citerai : MM. de Bazancourt, Didot, Roussel, Callou, Louis et Joseph Perody, Blay-Laffitte, Rénard, Lafontaine, Carmouche, Paulin-Deslande, Cottin, Pataud, Eugène Déjazet, Ingler, Lafond, Jaime Aurèle, Tourtois, etc...

D'autres bons amis éloignés qui n'en ont pas moins payé leur dette de cœur : MM. Desforges, Toutain, Arnaud, de Marseille; Volnys, Coupé, Guérin, Goupil, Dumaine, etc.

Parmi ces derniers amis de Rueil, MM. le docteur Guionis, Blondeau, Villeyseaux, baron Pelletan, Voitrin père et fils, Destavigny, Inglend, Lafond, Wagner, Grélat, Pirron, Disderi, Marin, Charles, Désiré, Léon Comte, etc....

La plupart étaient officiers ou chevaliers de la Légion d'honneur. Ils accompagnèrent le corps d'Emile Vander-Burch jusqu'à sa dernière demeure, déposant une larme, une couronne sur les restes mortels de l'homme de bien.

CH. VANDER-BURCH.

ŒUVRES D'ÉMILE VANDER-BURCH.

PIÈCES DE THÉATRE.

L'Epître à la Garde nationale.
Brelan de Garçons.
La Fermière ou Mauvaise tête et bon cœur.
Les 3 héritiers ou le Revenant.
La Vanité punie.
Le Procès ou Racine conciliateur.
Isabelle et Gertrude.
Un Spectacle gratis.
Les Fleurs du Château.
La Chaumière béarnaise ou la Fête du roi.
99 moutons et un Champenois.
L'Arc de Triomphe.
Louis XI et **Louis XVIII**.
Le Marchand de parapluies.
Epître à Walter-Scott.
La Résurrection du Vaudeville.
La Salle de police.
Les Compagnons du devoir.
Le Barbier de Paris.
Discours aux enfants d'Appollon.
Jean de Calais.
L'Oncle en tutelle.
Henri IV en famille (en comédie et en vaudeville).
La Maison du faubourg.
Mathieu l'Ænsberg.

Le Doge et le Dernier jour d'un condamné.
La Grisette mariée.
La Jeunesse de Marie Stuart.
Le Marchand de la rue Saint-Denis.
La Paysanne de Livonie.
Cotillon III ou Louis XV chez Mme Dubarry.
Le Tailleur et la Fée ou les Chansons de Béranger.
Louis XV chez Mme Dubarry, comédie.
Le Baron.
Louis-Bronze et le Saint-Simonien.
Le Serrurier.
Le Bandeau.
Le Petit souper.
La Moustache de Jean-Bart.
Le Cadet de famille.
Le Camarade Lit.
Le Roman nouveau.
Les Baigneuses ou la Nouvelle Suzanne.
Le Procès du Cancan.
Le Remplaçant.
La Loterie à la mode.
Le Petit neveu de Berquin, renfermant 40 pièces jouées sur le théâtre Comte.
Le Gamin de Paris.
Une Nuit au Louvre.
Le Sanglier des Ardennes.
Peau-d'Ane.
Les Trois gamins.
× **Les Mésaventures** de Pierrot.
Amour et Pruneaux.
Les Premières armes de Figaro.
La Vie de café, etc.

SÉRIE DE ROMANS.

Le Panier à salade, couronné par l'Académie française, prix Monthyon.
L'Armoire de fer.
Zizi, Zozo et Zaza, ou l'Histoire de trois étages.
Le Gamin de Paris à Alger.

× Manquent ; mais ne sont pas des Soleinne

La Maison maudite.
Enclume et Marteaux.
Les Scènes contemporaines.
L'Epingle noire.
Le Vieil Ecossais.
Le Roi Margot (à republier).
Le Curé de Salbris.
Voyage autour du Pont-Neuf.
Les Plébéïennes.

SCIENCES.

Cours élémentaire d'Histoire.
L'Histoire de la Littérature française.
L'Histoire militaire des Français.
Lettre d'un Solognot à Napoléon Bonaparte.
Le Mémorial français et beaucoup d'ouvrages restés inachevés.

CH. VANDER-BURCH.

St-Etienne, imp. ve THÉOLIER et Cie.

www.ingramcontent.com/pod-product-compliance
Lightning Source LLC
LaVergne TN
LVHW010310230826
846091LV00007BB/2805

* 9 7 8 2 0 1 2 9 4 1 3 8 0 *